朝讀經典

格物致知

中學生

馮天瑜／主編

8

本書編委會

主　編　馮天瑜

副主編　曾　暉

編　委　（以姓氏筆畫為序）

王林偉　左松濤　邢曉明　劉　耀

江俊偉　余來明　陳文新　鍾書林

姜海龍　姚彬彬　徐　駱　謝遠筍

/ 編輯說明 /

本套讀本的編寫，遵循如下原則：

一、 注重中華文化的弘揚與教育。本套讀本從浩如
煙海的傳統文化典籍中，遴選能夠涵養做人處
事價值觀的、千古傳誦的經典原文，使學生透
過誦讀學習，由淺入深地提高對中華文化的認
知度，潛移默化地增強對文化的自覺與自信，
認真汲取其思想精華和道德精髓，真正實現中
華文化在青少年身上的傳承與弘揚。

二、 尊重中華文化自身固有的特性。從「國文」（語
言文字）、「國史」（歷史統系）、「國倫」
（倫理道德）三個層面選取古典篇目，兼顧德
性培育、知性開發與美感薰陶。因為中華文化
本身即是「國文」「國史」與「國倫」的綜合，
德性、知性與美感的統一。

三、 尊重學生發展不同階段的特點。選取篇目力求平和中正，典雅優美，貼近生活，明白曉暢，讀來趣味盎然；由易到難，由淺入深，循序漸進，合理編排，使學生先領會傳統文化的趣、美、真，進而達於善。

四、 兼顧篇章組合的系統性和多元性。以家國情懷、社會關愛、人格修養為主線，分主題展示中華文化。篇目選取不限某家某派，不拘文類，義理、詩文、史傳等兼收並蓄，異彩分呈。同時注意選文的易誦易記，便於學生誦讀。

中華文化源遠流長，凝聚著古聖先賢的智慧，亦是安身立命的基礎與根本。本套書古今貫通，傳承優秀文化；兼收並蓄，汲取異域英華，對推動中華文化創造性轉化、創新性發展，以及培育才德兼備的下一代，意義深遠。

本書編委會

目　錄

格物致知

格物致知，是指通過探究事物原理而總結為理性知識，強調認識、研究萬事萬物重在實踐。無論做什麼，我們都應該具有探究精神，用實踐去探尋真理，並用實踐來檢驗真理。

❶格物致知①

《大學》

　　致知在格物。物格而後知至，知至而後意誠，意誠而後心正，心正而後身修，身修而後家齊②，家齊而後國治③，國治而後天下平④。

 釋

①選自《四書章句集注》（中華書局 1983 年版）。標題為編者所加。格物，探究事物的原理。致知，獲得知識。
②齊：整治，整頓。這裡指整治好。

2

▲〈鵲華秋色圖〉〔元〕趙孟頫

③治：管理，治理。這裡指治理好。
④平：太平。

　　要獲得知識就必須探究事物的原理。通過探究事物的
原理才能獲得知識；獲得知識後，意念才能真誠；意念真
誠後，內心才能端正；內心端正後，才能提高自身的品德
修養；自身品德修養提升後，才能整治好自己的家庭和家
族；整治好家庭和家族後，才能治理好國家；治理好國家後，
天下才能太平。

明　　德

　　「明德」，即美好的德性，語出《大學》：「大學之道，在明明德。」「明明德」，前一個「明」有三層含義：一為明白、清楚，二為認同、踐行，三為弘揚、彰顯；後一個「明」指光明，美好。「明德」的「德」，指品行、品質、道德。

　　朱熹《大學章句》：「明德者，人之所得乎天，而虛靈不昧，以具眾理而應萬事者也。」以為「明德」是人們天賦本然的善性。

❷物窮其理①

〔宋〕朱熹

　　所謂致知在格物者，言欲致吾之知，在即②物而窮其理也。蓋人心之靈③莫不有知，而天下之物莫不有理。惟於理有未窮，故其知有不盡也。是以《大學》始教，必使學者即凡天下之物，莫不因其已知之理而益窮之，以求至乎其極。至於用力之久，而一旦④豁然貫通⑤焉，則眾物之表裡精粗無不到，而吾心之全體⑥大用⑦無不明矣。此謂物格，此謂知之至也。

▼〈寫生珍禽圖〉〔五代〕黃荃

①選自《四書章句集注》（中華書局 1983 年版）。標題為
　編者所加。窮，尋根究源。這裡指推究到極點。理，道理。
②即：接近，接觸。
③靈：聰明，通曉事理。
④一旦：有朝一日。
⑤貫通：全部透徹地理解，通曉明白。
⑥全體：事物的全部。
⑦大用：重要的用處。

　　所謂「致知在格物」，意思是要想獲得知識，就必須
接觸事物並推究它的道理。因為人心很聰明沒有它不能認
識的，而天下的事物沒有不具備道理的。只是對於道理未
曾尋根究源，所以認識才沒有達到頂點。因此《大學》開
始教授時，必定讓求學者接觸天下的事物，全都要在自己
已有知識的基礎上進一步探究，以求達到窮盡的程度。經
過長時間的努力，有朝一日一下子通曉了，對於所有事物
的表裡、精粗都無所不識，心中對於事物的全部、重要的
用處也就無所不知，無所不明了。這就叫作「物格」，這
就叫作「知之至」。

寒泉之會

　　南宋乾道五年（1169年）九月，朱熹的母親去世。次年，朱熹在福建建陽建寒泉精舍為母親守墓，開始了長達六年之久的寒泉著述。

　　南宋淳熙二年（1175年），朱熹的好友呂祖謙從浙江趕來，專程看望朱熹，兩人在寒泉精舍相聚一個多月，並編選了著名的《近思錄》。後來人們將這次朱、呂的歷史性相聚，稱為「寒泉之會」。

❸陽明格竹①

〔明〕王陽明

眾人只說格物要依晦翁②，何曾把他的說去用？我著實曾用來。初年③與錢友同論做聖賢，要格天下之物，如今安得這等大的力量？因指亭前竹子，令去格看。錢子早夜去窮格竹子的道理④，竭其心思，至於三日，便致勞神成疾。當初說他這是精力不足，某⑤因自去窮格，早夜⑥不得其理，到七日，亦以勞思致疾。遂相與⑦嘆聖賢是做不得的，無他大力量去格物了。

及在夷⑧中三年，頗見得此意思⑨，乃知天下之物本無可格者。其格物之功，只在身心上做，決然以聖人為人人可到，便自有擔當了。

 注 釋

①選自《王陽明全集》（上海古籍出版社 1992 年版）。標題為編者所加。格竹，指王陽明以竹子為例推究事物道理之事。
②晦翁：宋代理學家朱熹。朱熹晚年號晦翁。
③初年：當初，以前。

④道理：事物的規律。

⑤某：自稱之詞。指代「我」或本名。

⑥早夜：終日，整天。

⑦相與：共同，一起。

⑧夷：古代對四方少數民族的泛稱。這裡指貴州。

⑨意思：思想，心思。這裡指心得。

文　意

　　大家都只是說「格物」要依照朱熹講的方法去窮究，但是又有誰去實踐過他的學說呢？我倒是切實實踐過。以前，與朋友錢某一起討論過，要做聖賢就要窮究天下所有事物。如今，哪裡還有這樣大的力量？於是，我指著亭子前面的竹子，讓他去試著窮究一下。錢某整天拼命去「格」竹子的「理」，結果，竭盡心思，「格」了三天，便導致積勞成疾。當初，還以為是他的精力不足，我於是就自己去盡力的「格」，從早到晚也沒弄懂竹子的道理。到了第七天，也因為過思積勞而得病。於是，我們共同感嘆：聖賢是做不成的，沒有他們那麼大的力量去格物。

　　等到我在貴州過了三年，對這個「格物」很有些心得，才知道天下的事物本來就沒有什麼可去「格」的。所謂「格物」，只能在身心上去下功夫，堅信每個人都能成為聖人，於是自己也就有了當聖人的使命感。

龍場悟道

明代正德年間，王陽明被貶謫到貴州龍場（今貴州修文縣城）擔任驛丞。龍場地方偏僻，瘴氣橫生，在這個既安靜而又艱苦的環境中，王陽明結合自己多年來的遭遇，日夜苦思反省。有一天半夜，他頓然領悟到「心」是感應萬物的根本，由此提出「心即理」的命題。此刻王陽明突然認識到：聖人之道是什麼？就是良知！良知人人都有。判斷事情的是非曲直，標準就是良知，而不是外在的其他事物。這一著名的頓悟，後被稱為「龍場悟道」。

❹ 李時珍編《本草綱目》①

《明史·李時珍傳》

　　李時珍，字東璧，蘄州人。好讀醫書，醫家《本草》，自神農② 所傳止三百六十五種，梁陶弘景所增亦如之，唐蘇恭增一百一十四種，宋劉翰又增一百二十種，至掌禹錫、唐慎微輩，先後增補合一千五百五十八種，時稱大備③。然品類既煩，名稱多雜，或一物而析為二三，或二物而混為一品，時珍病④ 之。乃窮搜博采，芟煩補闕⑤，歷三十年，閱書八百餘家，稿三易⑥ 而成書，曰《本草綱目》。

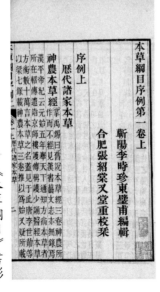

▶《本草綱目》書影

···

①選自《明史》（中華書局 1974 年版）。個別字作了校改。
　標題為編者所加。

②神農：傳說中農業和醫藥的發明者。相傳他曾嘗百草，
　發現藥材，教人治病。

③大備：完備。

④病：責備，指責。這裡指不滿意。

⑤芟（ㄕㄢ）煩補闕：刪除繁蕪，增補遺缺。芟，刪除。煩，
　繁多。闕，缺漏。

⑥三易：多次修改。三，表示多次。

 ···

　　　李時珍，字東璧，是蘄州（今湖北蘄春）人。喜好讀
醫書。醫藥學的書《本草》，記載從神農氏傳世的藥物只
有三百六十五種，梁朝陶弘景所增加的也和神農氏傳世藥
物差不多，唐朝蘇恭增加一百一十四種，宋朝劉翰又增加
一百二十種，到掌禹錫、唐慎微等人時，先後增補總數達
一千五百五十八種，當時被認為是非常完備的。但是品種
類別繁多，名稱雜亂，有時一種藥物有兩三種名稱，有時
兩種藥物又混為一種名稱，李時珍對此很不滿意。於是極
力搜尋，廣泛採集，刪除繁蕪，增補遺缺，歷時三十年，
讀書八百多種，經多次修訂最後定稿，叫作《本草綱目》。

《本草綱目》

　　《本草綱目》是中國古代藥學史上部頭最大、內容最豐富的藥學著作。作者是明朝的李時珍，撰成於萬曆六年（1578年）。《本草綱目》共有五十二卷，分十六部，六十類，載有藥物一千八百餘種，並附一千餘幅精美的插圖，共約一百九十餘萬字。每種藥物以「釋名」確定名稱，「集解」敘述產地、形態、栽培及採集方法，「辨疑」「正誤」考訂藥物品種真偽和糾正文獻記載錯誤，「修治」說明炮製方法，「氣味」「主治」「發明」分析藥物的性味與功用，「附方」搜集古代醫家和民間流傳的藥方。《本草綱目》系統地總結了中國16世紀以前的藥物學知識與經驗，是中國藥物學、植物學等學科的珍貴遺產，對中國藥物學的發展起了重要作用，被譽為「東方藥物巨典」。

❺伯樂之子相馬①

〔明〕楊慎

伯樂《相馬經》有「隆顙② 蛈目③ ，蹄如累曲④ 」之語。其子執《馬經》以求馬，出見大蟾蜍，謂其父曰：「得一馬，略與相同，但蹄不如累曲爾！」伯樂知其子之愚，但轉怒為笑曰：「此馬好跳，不堪⑤ 御⑥ 也。」

▼《五馬圖卷》（局部）〔宋〕李公麟

①選自《楊升庵全集》（商務印書館 1937 年版）。標題為
　編者所加。伯樂，相傳是古代善於相馬的人。相，察看
　並判斷。
②隆顙（ㄙㄤˇ）：高高的額頭。顙，額頭。
③蛈（ㄊㄧㄝˇ）目：指眼睛鼓起。
④累曲（ㄑㄩ）：疊起來的酒酵餅子。曲，釀酒或制醬用
　的發酵物。
⑤堪：能夠，可以。
⑥御：駕馭，控制。

文 意

　　伯樂在《相馬經》裡記載，千里馬有隆起的額頭，眼
睛鼓起，馬蹄像疊加起來的酒酵餅子。伯樂有個兒子，拿
著《相馬經》到處找千里馬，他外出時，發現一隻大蛤蟆，
便回家告訴父親說：「我找到了一匹千里馬，和《相馬經》
中的描述大致相似，只是蹄子稍有差別，不像疊起來的酒
酵餅子。」伯樂知道兒子愚鈍，只是轉怒為笑地說：「可
惜這馬太喜歡蹦跳了，不能用來騎乘。」

邯鄲學步

　　《莊子・秋水》記載，戰國時期，趙國都城邯鄲的人以走路姿勢優美而著稱。燕國壽陵的一個人來到邯鄲，跟當地人學習如何走路。他發現邯鄲人走路步伐各異，優雅獨特，於是見一個學一個，結果什麼都沒有學會，連自己原先走路的姿勢也都忘了，最後只得爬著回去。

　　邯鄲學步，也叫學步邯鄲，比喻一味模仿別人，不僅學不到本事，反而把自己原來的本事也丟了。唐代大詩人李白有詩云：「醜女來效顰，還家驚四鄰。壽陵失本步，笑殺邯鄲人。」（〈古風〉）將「東施效顰」與「邯鄲學步」聯繫起來，表達的是相近的意思。

行知園

口能誦

背誦本單元的課文並完成下面的填空。

（1）物格而後知至，_____，意誠而後心正_____，_____，身修而後家齊，_____，國治而後天下平。

（2）是以《大學》始教，必使學者_____，莫不因其_____，以求至乎其極。

學而思

請將下面的事例與對應的人物連線，並思考這些事例體現出古人的什麼精神。

製作過渾天儀，並發起和組織了一次大規模的天文測量活動，歸算出相當於子午線一度的長度。	鄭板橋
發現古代地理書《水經》上的缺陷，於是親自實地考察，博覽前人著作，為《水經》作注。	酈道元
去曲阜瞻仰孔子墓，目睹儒生按時到孔子舊宅演習禮儀，寫下〈孔子世家贊〉。	僧一行
用「眼中之竹」「胸中之竹」「手中之竹」三個概念詮釋藝術創作，既有情感觸發，又有理性思考。	司馬遷

行且勉

下面的文字節選自丁肇中先生的〈應有格物致知精神〉，請同學們閱讀後說說自己對「格物致知」的理解。

大家都知道明朝的大哲學家王陽明，他的思想可以代表傳統儒家對實驗的態度。有一天，王陽明依照《大學》的指示，先從「格物」做起。他決定要「格」院子裡的竹子。於是他搬了一條凳子坐在院子裡，面對著竹子硬想了七天，結果因為頭痛而宣告失敗。這位先生明明是把探察外界誤認為探討自己。

時至今天，王陽明的思想還在繼續支配著一些中國讀書人的頭腦。因為這個文化背景，中國學生大都偏向於理論而輕視實驗，偏向於抽象的思維而不願動手。中國學生往往念功課成績很好，考試都得近100分，但是在研究工作中需要拿主意時，就常常不知所措了。

在環境激變的今天，我們應該重新體會幾千年前經書裡說的格物致知的真正意義。這意義有兩個方面：第一，尋求真理的唯一途徑是對事物客觀的探索；第二，探索應該有想像力、有計劃，不能消極地袖手旁觀。

第二單元

清正廉明

　　重視倫理評判是中華傳統文化的特色之一。「清官」「廉吏」與「明君」「忠臣」一起，受萬民的敬仰和擁戴。在評價官員的標準中，清廉始終擺在首位。為官清正廉明，才能做到執法公正。

❻國有四維①

《管子·牧民》

國有四維。一維絕則傾，二維絕則危，三維絕則覆，四維絕則滅。傾可正也，危可安也，覆可起也，滅不可復錯也。何謂四維？一曰禮，二曰義，三曰廉，四曰恥。禮不逾②節，義不自進③，廉不蔽惡，恥不從枉④。

注 釋

①選自《管子校注》（中華書局 2004 年版）。標題為編者所加。維，繫物的大繩。這裡指維繫國家命運的綱紀、法度。

▲康熙皇帝書法

②逾：跳過，超越。
③自進：不經薦舉，自謀仕進。
④枉：彎曲。引申為不正直、邪惡。

　　維繫國家的命運，有四大綱維。失去一維國家就會傾斜，失去兩維國家就會發生危險，失去三維國家就會傾覆，四維全部失去國家就滅亡了。傾斜了可以扶正，危險了可以穩定，傾覆了可以振興，滅亡了就不能再恢復了。什麼是四維呢？一是禮，二是義，三是廉，四是恥。遵守禮，就不會超越規範；講求義，就不會自謀仕進；做到廉，就不會掩飾過錯；知道恥，就不會趨從邪妄。

四維八德

　　「四維八德」是中華民族的傳統美德。《管子》中說:「禮義廉恥,國之四維,四維不張,國乃滅亡!」禮、義、廉、恥,是道德的四大綱紀。如果綱紀廢弛,政令不行,國家就會滅亡。宋代有「八德」之說,即孝、悌、忠、信、禮、義、廉、恥,其中包括《管子》提出的「四維」。到了近代,梁啟超等維新派,試圖以孝、悌、忠、信這「四德」為基礎,吸取西方近代的道德精華,建構中國新道德。孫中山提出了忠、孝、仁、愛、信、義、和、平新「八德」。

⑦政者，正也①

（一）

《論語·顏淵》

　　季康子②問政於孔子。孔子對曰：「政者，正也。子帥③以正，孰④敢不正？」

（二）

《論語·子路》

　　子曰：「其身正，不令而行；其身不正，雖令不從⑤。」

（三）

《論語·子路》

　　子曰：「苟⑥正其身矣，於從政乎何有？不能正其身，如正人何？」

▶〈玉壺春色〉〔清〕金農

①選自《四書章句集注》（中華書局 1983 年版）。標題為
　編者所加。
②季康子：季孫肥，春秋時期魯國的正卿。
③帥：同「率」，帶頭，引導。
④孰：誰，哪個。
⑤從：聽從，順從。
⑥苟：如果，假使。

 文 意

（一）

　　季康子向孔子請教如何治理政事。孔子回答說：「『政』字的意思就是端正。您自己帶頭端正，誰敢不端正呢？」

（二）

　　孔子說：「當統治者自身品行端正，作出表率時，不用下命令，百姓也會跟著行動起來；相反，如果統治者自身品行不端正，那麼，縱然三令五申，百姓也不會順從。」

（三）

　　孔子說：「如果端正了自身的品行，管理政事還有什麼困難呢？如果不能端正自身的品行，又怎麼能夠端正別人的品行呢？」

為政以德

　　孔子說：「為政以德，譬如北辰居其所而眾星共之。」意思是說，以道德教化來治理國家，就像北極星一樣處在一定的方位，所有的星辰都會環繞著它。儒家主張為政以德，主張統治者要寬厚待民，施以恩惠，以爭取民心。孔子的「仁」是一種含義極廣的倫理道德觀念，其最基本的精神就是「愛人」。孟子從孔子的「仁學」思想出發，把它擴充發展成包括思想、政治、經濟、文化等各個方面的施政綱領，就是「仁政」。

❽三無私①

《禮記・孔子閒居》

子夏曰：「三王②之德，參③於天地，敢④問何如斯可謂參於天地矣？」孔子曰：「奉三無私⑤以勞⑥天下。」子夏曰：「敢問何謂三無私？」孔子曰：「天無私覆，地無私載，日月無私照。奉斯三者以勞天下，此之謂三無私。」

①選自《禮記集解》（中華書局 1989 年版）。標題為編者
　所加。
②三王：夏禹、商湯、周文王。
③參：同「三」，指三王的德行與天、地配合為三。
④敢：謙辭，冒昧之意。
⑤奉三無私：像天地日月那樣無偏私，比喻為政者以天下
　為公，不謀　一己私利。奉，奉行，遵奉。私，偏私，
　不公道。
⑥勞：撫慰，慰勉。

文 意

　　子夏說：「三王的德行，可以與天地並列為三。請問
德行怎樣才可以與天地並列為三呢？」孔子說：「奉行『三
無私』以撫慰天下。」子夏接著問道：「請問什麼叫作『三
無私』呢？」孔子答道：「天公平地覆蓋大地，地公平地
承載萬物，日月公平地照耀天下。遵奉這三種精神以撫慰
天下，就叫作『三無私』。」

天下為公

　　「天下為公」原指君位不為一家私有，後成為一種美好的社會政治理想。它最初作為大同社會的主要條件出現在《禮記·禮運》中：「大道之行也，天下為公，選賢與能，講信修睦。」意思是說，理想社會制度施行的時候，天下是人們所公有的，選拔任用賢能的人並把領袖地位傳給他，人與人之間講求誠信而和睦相處。夏禹將王位傳給其子啟，天下私有的局面形成，而公天下的思想也差不多於此時萌發。秦代以後，君主專制定型，天下為公的理想鮮有人提及。到了清初，黃宗羲揭露了君主一人私有天下產業的罪狀，作出「為天下之大害者，君而已矣」的大膽結論。近代以來，孫中山將建立「天下為公」的社會作為民主革命的理想。他說：「提倡人民的權利，便是公天下的道理。公天下和家天下的道理是相反的。天下為公，人人的權利都是很平的。」

❾開誠心，布公道①

〔晉〕陳壽

諸葛亮之為相國也，撫百姓，示儀軌②，約③官職，從權制④，開誠心，布公道。盡忠益時者雖仇必賞，犯法怠慢者雖親必罰，服罪輸情⑤者雖重必釋，游辭巧飾者雖輕必戮；善無微而不賞，惡無纖而不貶；庶事精煉，物⑥理其本，循名責實，虛偽不齒；終於邦域之內，咸畏而愛之，刑政雖峻而無怨者，以其用心平而勸戒明也。可謂識治之良才，管、蕭之亞匹⑦矣。

注　釋

①選自《三國志》（中華書局 1959 年版）。標題為編者所加。
②儀軌：禮儀法度。
③約：省減，簡約。
④權制：權宜之制，指臨時制定的措施。
⑤服罪輸情：承認罪責並真心悔改。
⑥物：事情。
⑦亞匹：同一類人物。亞，同類。

　　諸葛亮身為蜀國的丞相，安撫百姓，示範禮儀法度，精減官員，採用並遵從制定的措施，對百姓開誠布公。為國盡忠效力的人即使與他們有私仇也會獎賞他們，怠忽職守犯法之人就算是自己的親信也會給予處罰，承認罪責並真心悔改的人即使罪行很重也會從輕處罰，花言巧語掩飾自己的人即使罪行很輕也會從嚴懲治；再小的善良都給予褒獎，再微不足道的惡行都予以處罰；他處理事務簡練實際，對事情的處理能抓住根本，要求實質跟名稱或名義相符，貪慕虛榮的事為他所不齒；最後全國的人都既害怕又敬仰他，刑法雖然嚴峻卻沒有人有怨言，這是因為他用心端正、坦誠，且對人的勸誠又十分明瞭的緣故。可以說他是治理國家的優秀人才，其才能可以與管仲、蕭何相媲美。

諸葛亮

　　諸葛亮（181—234），字孔明，琅琊陽都（今山東沂南南）人，三國時期蜀漢丞相。他在世時被封為武鄉侯，死後追諡忠武，東晉時期被追封為武興王。諸葛亮為匡扶蜀漢政權，嘔心瀝血，鞠躬盡瘁，死而後已。其代表作有〈出師表〉〈誡子書〉等。諸葛亮受到後世的極大尊崇，成為忠臣楷模，智慧化身。成都、寶雞、漢中、南陽等地均有武侯祠，杜甫作〈蜀相〉讚頌諸葛亮，詩為：

　　丞相祠堂何處尋？錦官城外柏森森。

　　映階碧草自春色，隔葉黃鸝空好音。

　　三顧頻煩天下計，兩朝開濟老臣心。

　　出師未捷身先死，長使英雄淚滿襟。

❿書端州郡齋壁①

〔宋〕包拯

清心② 為治本③ ，直道④ 是身謀⑤ 。

秀幹⑥ 終成棟，精鋼不作鉤⑦ 。

倉充鼠雀⑧ 喜，草盡狐兔愁。

史冊有遺訓，無貽來者羞⑨ 。

〈墨竹圖〉〔清〕鄭燮

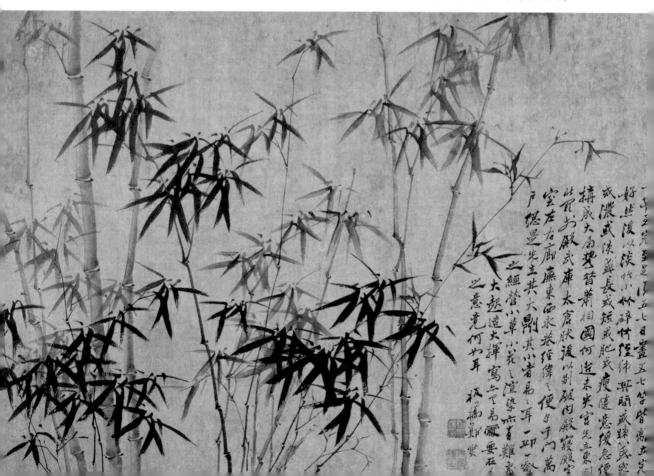

①選自《包拯集校注》（黃山書社1999年版）。端州，今廣東肇慶、高要一帶，包拯曾任端州知州。郡齋，郡守起居處，即包拯當時的住處。

②清心：心清無私欲。

③治本：治世的根本。

④直道：剛正不阿之道。

⑤身謀：立身準則。

⑥秀幹：挺拔的樹幹。

⑦精鋼不作鉤：純鋼不能彎曲作鉤。比喻為官者不要枉道而行。精鋼，純鋼。

⑧鼠雀：代指竊國害民的貪官汙吏、不法之徒。後文「狐兔」同此意。

⑨無貽來者羞：不要給後人留下恥笑的把柄。貽，遺留，留下。

文 意

　　清心無私欲是治世的根本，剛正不阿的品性是立身的準則。挺拔的樹幹終將成為棟梁之材，而純鋼不能彎曲作鉤。倉廩豐實，那些鼠雀之輩該高興了；草沒有了，那些狐兔之輩該發愁了。在這方面歷史上留有許多教訓，不要給後人留下恥笑的把柄！

你知道嗎

包拯與「廉」

包拯（999—1062），字希仁，北宋廬州合肥（今屬安徽）人，以清廉公正聞名於世。包拯純樸平實、剛直不阿、疾惡如仇、愛民如子，被譽為「包青天」。

包拯曾說：「廉者，民之表也；貪者，民之賊也。」廉潔的官吏，是人民的表率；貪贓的官吏，是人民的盜賊。清正廉明是衡量官員的重要尺規。清，清白；正，正直；廉，廉潔；明，光明磊落。清官與廉吏大體同義，其要旨在一個「廉」字。「廉」指物體露出棱角，比喻人的稟性方正剛直。「廉」又作收斂解，引申為遜讓、節儉，進而引申為不苟取、不貪求。「廉」還作「清」解，與「濁」相對，故清、廉並用。古時將有節操、不苟取之人稱作「廉士」，將清廉守正的官吏稱作「廉吏」「清官」。

▲ 包拯像

行知園

口能誦

背誦本單元的課文並完成下面的填空。

（1）何謂四維？一曰禮，_____，三曰廉，_____。

（2）_____，地無私載，_____。奉斯三者以勞天下，此之謂三無私。

（3）清心為治本，_____。秀幹終成棟，_____。
倉充鼠雀喜，_____。史冊有遺訓，_____。

學而思

結合本單元的課文，展開思考：我們在生活中應如何做到平等和公正？

行且勉

　　司馬遷在《史記》中曾引用「其身正，不令而行；其身不正，雖令不從」來評價一位歷史人物，你知道是誰嗎？查查關於這位歷史人物的資料，看看司馬遷為什麼會這樣評價他。

第三單元

尚賢使能

　　尚賢，尊崇賢德的人。使能，任用有才能的人。自古以來，中國人一直具有尚賢使能的悠久傳統。尚賢使能，是古代開明政治的試金石。凡是勵精圖治的英明君主，無不享有尚賢使能的美譽。一個國家，一個社會，若能夠做到平等、公正地選拔、任用人才，人盡其才，才盡其用，就沒有不繁榮昌盛的。

⓫尚賢使能①

《荀子‧王制篇》

選賢良②，舉篤敬③，興④孝弟，收孤寡，補貧窮，如是，則庶人⑤安政矣。庶人安政，然後君子⑥安位。傳曰：「君者，舟也；庶人者，水也。水則載舟，水則覆舟。」此之謂也。故君人⑦者，欲安，則莫若平政愛民矣；欲榮，則莫若隆禮⑧敬士矣；欲立功名，則莫若尚賢使能矣。是君人者之大節⑨也。

注 釋

①選自《荀子集解》（中華書局 1988 年版）。標題為編者所加。

②選賢良：選拔有德行、才能的人。

▲《滄州趣圖卷》（局部）〔明〕沈周

③舉篤敬：推薦忠厚、恭謹的人。
④興：提倡，宣導。
⑤庶人：百姓。
⑥君子：這裡是對統治者的通稱。
⑦君人：統治百姓。
⑧隆禮：尊崇禮法。
⑨大節：基本的綱紀。

 文 意

　　選拔德才兼備的人，推薦忠厚恭謹的人，提倡孝順父母、敬愛兄長，收養無依無靠的老人或小孩，補助貧窮的人，像這樣，那麼百姓就安於政治了。百姓安於政治，這樣統治者才能安居上位。經傳上說：「君主，好比是船；百姓，好比是水。水能載船，也能翻船。」說的就是這個道理。所以統治百姓的君主，要想國家安定，就沒有比修明政治、愛護人民更好的了；要想榮耀，就沒有比尊崇禮法、敬重讀書人更好的了；要想建立功業和名望，就沒有比舉薦賢德的人、任用有才能的人更好的了。這些都是為人之君的基本綱紀。

稷下學派

　　戰國時期，在齊國都城臨淄稷下，諸子百家雲集，思想爭鳴，蔚然成風，齊國學術思想文化在當時最為鼎盛。當時許多不同學術觀點的學者，不遠千里，前來稷下講學，自由辯論，號為稷下先生、稷下學者。

　　稷下學派存在的歷史較長，早在齊桓公時期，就有養士之風。後經齊威王大力提倡而風氣更盛，到齊宣王時期規模最大。稷下學派中比較著名的代表人物有慎到、鄒衍、魯仲連等，孟子、荀子等也先後到稷下講學。稷下講學，成為中國學術史上的一樁盛事。

⑫唯才是舉①

〔漢〕曹操

　　自古受命及中興之君，曷嘗②不得賢人君子與之共治天下者乎？及其得賢也，曾不出閭巷③，豈幸④相遇哉？上之人求取之耳。今天下尚未定，此特求賢之急時也。「孟公綽為趙、魏老則優，不可以為滕、薛大夫。」若必廉士而後可用，則齊桓其何以霸世！今天下得無⑤有被褐⑥懷玉而釣於渭濱者乎？又得無有盜嫂受金而未遇無知⑦者乎？二三子⑧其佐我明揚⑨仄陋⑩，唯才是舉，吾得而用之。

①選自《曹操集譯注》（中華書局1979年版）。標題為編者所加。

②曷（ㄏㄜˊ）嘗：何嘗。

③閭（ㄌㄩˊ）巷：鄉里，里巷。

④幸：僥倖。

⑤得無：豈不，難道沒有。

⑥被褐：身穿短褐。多指出身微賤，生活貧苦。褐，粗布衣服。

⑦無知：魏無知，以向漢王劉邦薦舉陳平聞名後世。

⑧二三子：諸位，各位。

⑨明揚：舉用，選拔。

⑩仄陋：有才德而地位卑微的人。

文　意

　　自古以來，接受天命開國登基和中興國家的君主，何嘗不是得到賢人君子和他一起治理天下的呢？他得到的賢人，往往沒有走出過里巷，難道是僥倖遇到的嗎？是當政的人去訪求得到的。現在天下還沒有平定，這正是格外需要訪求賢人的迫切時刻。孔子說：「孟公綽做趙、魏兩家的家臣是能力有餘的，卻不能勝任滕國、薛國的大夫。」如果一定要廉潔的人才可以任用，那麼齊桓公怎能稱霸當世！現在天下難道沒有身穿粗布衣服卻有真才實學而像呂尚那樣在渭水邊垂釣的人嗎？又難道沒有像陳平那樣蒙受私通嫂子、接受賄賂的壞名聲卻還沒有遇到像魏無知那樣能賞識他的才能的人嗎？你們各位要幫助我發現舉用那些出身微賤被人看不起的賢人，只要有才能就推舉出來，我得到他們就加以任用。

曹操用陳琳

　　陳琳是建安時期著名的文學家,避難冀州,為袁紹部下。袁紹、曹操逐鹿中原,官渡大戰前夕,陳琳受命作檄文,發往各州郡。檄文洋洋灑灑,聲色俱厲,歷數曹騰、曹嵩、曹操三代罪狀。據載,曹操當時患頭風病躺臥在床,讀完檄文後,竟毛骨悚然,驚出一身冷汗,不覺頭風病頓愈,從床上一躍而起。

　　官渡之戰後,曹操俘獲了陳琳,問他:「你罵我可以,為什麼罵我的祖宗?」陳琳無奈地說:「箭在弦上,不得不發啊!」曹操聽了,心領神會,不但沒殺陳琳,反而把他留在身邊。

⓭祁奚薦仇①

《呂氏春秋·去私》

晉平公問於祁黃羊曰:「南陽無令,其誰可而為②之?」祁黃羊對曰:「解狐可。」平公曰:「解狐非子之仇邪?」對曰:「君問可,非問臣之仇也。」平公曰:「善③。」遂用之。國人稱善④焉。居有間,平公又問祁黃羊曰:「國無尉⑤,其誰可而為之?」對曰:「午可。」平公曰:「午非子之子邪?」對曰:「君問可,非問臣之子也。」平公曰:「善。」又遂用之。國人稱善焉。孔子聞之曰:「善哉!祁黃羊之論也,外舉不避仇,內舉不避子。」祁黃羊可謂公⑥矣。

 注 釋

①選自《呂氏春秋集釋》(中華書局 2009 年版)。標題為
　編者所加。祁奚,字黃羊。
②為:充當,擔任。
③善:表應諾。
④善:表讚許。

⑤尉：古代官名。春秋時有軍尉、輿尉等。
⑥公：公正，公允。

　　晉平公問大夫祁黃羊：「南陽缺少個長官，誰可勝任這個職務呀？」祁黃羊回答說：「解狐可以。」平公說：「解狐不是你的仇人嗎？」祁黃羊答道：「您是問我誰可勝任這一職務，沒有問我誰是我的仇人。」晉平公說：「好。」於是，派解狐去任職。果然，解狐任職後受到南陽百姓的稱道。過了不久，晉平公又問祁黃羊：「晉國需要增補一位軍中尉，誰可以勝任這個職務呢？」祁黃羊說：「祁午合適。」平公說：「祁午不是你的兒子嗎？」祁黃羊回答說：「您是問我軍中尉的合適人選，沒有問我兒子是誰。」晉平公說：「好。」又接受了這個建議，派祁午擔任軍中尉的職務。祁午不負所望，得到眾人的稱讚。孔子聽了以後，感慨道：「祁黃羊推薦人才的觀點太好了！對外不排斥仇人，對內又不迴避親生兒子。」祁黃羊可以稱得上大公無私了。

解狐薦仇

　　《韓非子‧外儲說左下》記載了「解狐薦仇」的故事。趙簡子的相位空缺，讓解狐推薦一個精明能幹的人，解狐想了想，覺得自己的仇家邢伯柳比較合適，於是就把他推薦給趙簡子。邢伯柳果然能幹，政事處理得井井有條。邢伯柳知道是解狐舉薦了自己之後，便親赴解府致謝，解狐卻張弓向邢伯柳射了一箭，說：「我推薦你，那是為公，因為你能勝任；可你對於我來說，卻有私怨。我不計私怨把你舉薦給趙簡子，是因為私怨不能妨礙公事。」解狐與祁黃羊一樣，公私分明，舉賢不避仇，傳為佳話。

⑭三顧茅廬①

〔晉〕陳壽

亮躬耕②隴畝③，好為梁父吟。身長八尺，每自比於管仲、樂毅，時人莫之許也。惟博陵崔州平、潁川徐庶元直與亮友善，謂為信然④。

時先主⑤屯⑥新野。徐庶見先主，先主器之，謂先主曰：「諸葛孔明者，臥龍⑦也，將軍豈願見之乎？」先主曰：「君與俱來。」庶曰：「此人可就見⑧，不可屈致⑨也。將軍宜枉駕⑩顧之。」由是先主遂詣⑪亮，凡三往，乃見。

 注 釋

①選自《三國志》（中華書局 1959 年版）。標題為編者所加。
②躬耕：親身從事農事耕作。
③隴畝：田地。
④信然：確實，誠然。
⑤先主：指劉備。
⑥屯：駐紮，駐守。
⑦臥龍：比喻隱居或尚未嶄露頭角的傑出人才。
⑧就見：登門拜訪。就，赴，到。

47

⑨屈致：委屈招致。

⑩枉駕：屈駕。稱人來訪或走訪的敬辭。

⑪詣：到。

　　諸葛亮親自在田地裡耕種，平常喜歡唱〈梁父吟〉。諸葛亮身高八尺，每每把自己比作管仲、樂毅，當時沒人認可他。只有博陵的崔州平、潁川的徐庶和諸葛亮交情不錯，認為他說的可信。

　　當時劉備駐軍在新野，徐庶前去拜見劉備，劉備很器重徐庶。徐庶對劉備說：「諸葛孔明是一位隱居的難得的人才，將軍難道不願意見見他嗎？」劉備說：「你請他一塊兒來吧！」徐庶說：「這個人你只可以去求見他，而不能夠召見他，將軍應該屈駕前去拜訪他。」因此劉備就到諸葛亮那裡去，前後去了三次，才見到面。

隆中對

　　「隆中對」，出自陳壽《三國志‧蜀志‧諸葛亮傳》，是東漢末年劉備三顧茅廬拜訪諸葛亮時，諸葛亮為其謀劃的促成三國鼎立局勢的戰略決策。

　　當時，劉備駐軍新野，在謀士徐庶建議下，三次到隆中拜訪諸葛亮，但直到第三次才見到他。諸葛亮為劉備分析天下形勢，提出先取荊州為根基，再取益州成鼎足之勢，而後圖取中原的戰略構想。諸葛亮初登政治舞臺，高瞻遠矚，審時度勢，以「隆中對」的形式，為落魄流離中的劉備謀劃出一套系統的戰略遠景。

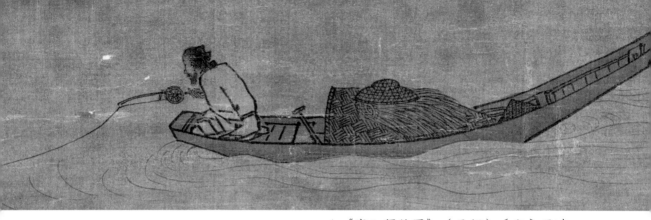

▲《寒江獨釣圖》（局部）〔宋〕馬遠

⑮浪淘沙令①

〔宋〕王安石

伊呂② 兩衰翁，歷遍窮③ 通④ ，一為釣叟一耕傭⑤ 。若使⑥ 當時身不遇，老了英雄⑦ 。

湯武⑧ 偶相逢，風虎雲龍⑨ ，興王⑩ 只在笑談中。直至如今千載後，誰與爭功！

注　釋

①選自《王文公文集》（上海人民出版社 1974 年版）。

②伊呂：伊尹、呂尚。傳說商湯娶有莘氏之女，伊尹作為奴隸陪嫁給商湯，後來得到重用，輔佐商湯消滅夏朝，

成為開國功臣。呂尚，姓姜，名望，字尚父，一說字子牙。
他晚年在渭河邊釣魚，遇周文王，得到重用，後輔佐周
武王滅商。

③窮：處境困窘。

④通：處境順利。

⑤耕傭：傭工。這裡指伊尹。

⑥若使：假使。

⑦老了英雄：使英雄白白老死。指伊尹、呂尚兩人如果沒
有分別遇上商湯、周文王，也就老死山林，無所作為。

⑧湯武：指商湯和周武王。

⑨風虎雲龍：這裡用風、雲比喻賢臣，虎、龍比喻明君。
明君、賢臣攜手，有如風從虎、雲從龍，建功立業。

⑩興王：輔佐君主使王朝興盛。

文　意

　　伊尹、呂尚兩位老人，逆境和順境全都經歷過了，他
們一位是釣魚翁，一位是傭工。假使兩位英雄遇不到英明
的君主，最終也只能老死於山野之中。

　　他們在偶然中與商湯、周武王相遇，賢臣得到了英明
君主的任用，猶如風從虎、雲從龍一般，談笑中輔佐君主
使王朝興盛。到現在已幾千年了，又有誰能與他們所建立
的豐功偉業一爭高下呢！

王安石待客

　　王安石擔任宰相的時候，有一次，他兒媳婦家的親戚蕭氏的兒子到京城拜訪他。王安石約定次日請他吃飯。第二天，蕭氏的兒子穿著華麗的衣服，應約而往，以為王安石會準備豐盛的宴席來款待他。過了中午，蕭氏的兒子覺得十分饑餓，但又不敢離開。又過了好久，王安石才招待他入座。可是果品、菜肴都沒有上桌，蕭氏的兒子覺得很奇怪。王安石和他一起喝了幾杯酒，這才上了兩塊胡餅，又上了四份切成塊的肉，然後就上飯了，旁邊只放著一些菜羹而已。蕭氏的兒子從小就嬌生慣養，他見此情形便懶得再動筷子了，只吃了胡餅中間的一小部分，把四邊都留下。王安石把蕭氏的兒子吃剩的胡餅都拿過來，自己吃掉了。蕭氏的兒子非常羞愧地回家了。

行知園

口能誦

我會背誦本單元所有課文並能完成下面的填空。

（1）選賢良，_____，與孝弟，_____，補貧窮，
如是，則_____。庶人安政，然後_____。

（2）君者，_____；庶人者，_____。水則載舟，
_____。

（3）伊呂兩衰翁，_____，一為釣叟一耕傭。
_____，老了英雄。

學而思

學完本單元的課文，想一想該如何推薦人才呢？

祁黃羊：
我推薦人才，只要這個人真正
有才，即使是我的仇人我也會
推薦，是我的親人我也會推
薦，舉賢不避仇人和親人。

諸葛亮：
我推薦人才，講的
是公平嚴明、知人
善任、親賢遠佞，
即親賢臣，遠小人。

行且勉

　　查一查資料，看看古代還有哪些平等、公正地選拔、任用人才的事例，有利於我們今天借鑑與學習。

第四單元

正心誠意

　　正心誠意是儒家提倡的一種道德修養方法。正心是指心性端正而不存邪念，誠意是指意念真誠而不自欺欺人。要做到正心，就必須儘量擺脫自身情緒的影響，客觀、理性地看待事物；要做到誠意，就必須時時反思自己的一言一行，做到表裡如一、誠實守信。

⑯正心誠意①

《大學》

古之欲明明德②於天下者，先治其國；欲治其國者，先齊其家；欲齊其家者，先修其身；欲修其身者，先正其心；欲正其心者，先誠其意③；欲誠其意者，先致其知；致知在格物。

▲〈秋窗讀易圖〉〔宋〕劉松年

注 釋

①選自《四書章句集注》（中華書局 1983 年版）。標題為
　編者所加。
②明明德：昭顯美好的德性。前一「明」為使動用法，意
　為「使……顯明」。明德，美好的德性。
③誠其意：使其意念真誠。誠，使動用法，意為「使……
　真誠」。

文 意

　　在古代，那些想要將美德彰顯於天下的人，先要治理
好自己的國家；想要治理好自己的國家，先要整治好自己
的家庭和家族；想要整治好自己的家庭和家族，先要提高
自身的品德修養；想要提高自身的品德修養，先要端正自
己的內心；想要端正自己的內心，先要使自己的意念真誠；
想要使自己的意念真誠，先要使自己獲得豐富的知識；而
要獲得知識，就必須探究事物的原理。

三綱領、八條目

　　「三綱領、八條目」是《大學》中提出的關於古代大學教育的綱領和程式。「三綱領」即明明德、親民、止於至善，體現了儒家修己治人的理想目標。「八條目」是指格物、致知、誠意、正心、修身、齊家、治國、平天下這八個步驟。前五條目的在於「明明德」，側重於修身；而後三條在於「親民」和「止於至善」，側重於治人。其中「齊家」是一個中間環節，既是個人修身的一種結果，又是「治國」「平天下」的基礎。「三綱領、八條目」成為後世儒家倫理的重要內容，影響深遠。

⑰何為正心①

《大學》

所謂修身在正其心者，身有所忿懥②，則不得其正；有所恐懼，則不得其正；有所好樂③，則不得其正；有所憂患，則不得其正。心不在焉，視而不見，聽而不聞，食而不知其味。此謂修身在正其心。

▼〈山徑春行圖〉〔宋〕馬遠

觸袖野花多目眂

避人幽鳥不成啼

①選自《四書章句集注》（中華書局 1983 年版）。標題為
  編者所加。
②忿懥（ㄓˋ）：憤怒。
③好樂：喜好，嗜好。

　　所謂修養自身的品德，要先端正自己的內心，如果自
身有所憤怒，就不能做到內心端正；自身有所恐懼，就不
能做到內心端正；自身有所喜好，就不能做到內心端正；
自身有所憂患，就不能做到內心端正。如果內心不端正，
雖然眼睛在看，卻好像什麼也沒有看見一樣；雖然耳朵在
聽，卻好像什麼也沒有聽見一樣；雖然口中在吃食物，卻
沒有品嘗出那食物是什麼滋味。這就是所說的要修養自身
的品德，必須要先端正自己的內心。

曾　子

　　子，名參，字子輿，春秋末魯國南武城（今山東平邑南）人。曾子是孔子的弟子，重視修身，其主張「吾日三省吾身」，被後世傳為格言。曾子闡述和發展了孔子關於孝的理論，對儒家倫理思想的發展有重要貢獻。曾子被後世尊奉為「宗聖」，他的修齊治平的政治觀，省身、慎獨的修養觀，以孝為本的孝道觀，影響中國兩千多年。

⓲何為誠意①

《大學》

所謂誠其意者，毋②自欺也。如惡惡臭③，如好好色④，此之謂自謙⑤。故君子必慎其獨⑥也！小人⑦閒居⑧為不善，無所不至。見君子而後厭然⑨，掩⑩其不善，而著⑪其善。人之視己，如見其肺肝然，則何益矣。此謂誠於中，形於外，故君子必慎其獨也。曾子曰：「十目所視，十手所指，其嚴乎！」富潤屋⑫，德潤身⑬，心寬體胖⑭。故君子必誠其意。

 注 釋

①選自《四書章句集注》（中華書局 1983 年版）。
②毋：不要。
③惡（ㄨˋ）惡（ㄜˋ）臭（ㄒㄧㄡˋ）：厭惡難聞的氣味。前一「惡」為動詞，厭惡、厭恨之意。後一「惡」為形容詞，修飾「臭」。惡臭，難聞的氣味。
④好（ㄏㄠˋ）好（ㄏㄠˇ）色：喜愛美麗的容顏。前一「好」為動詞，喜好、喜愛之意。後一「好」為形容詞，修飾「色」。好色，美麗的容顏。
⑤自謙：自足，是一種心安理得的坦然狀態。謙，通「慊」，滿足、滿意。

⑥獨：單獨。這裡指獨處。

⑦小人：道德敗壞的人。

⑧閒居：平時獨居、獨處。

⑨厭然：隱蔽、掩藏的樣子。

⑩掩：遮蔽，掩蔽。

⑪著：顯示，彰明。

⑫富潤屋：富足可以裝飾房屋使之華麗。

⑬德潤身：品德可以滋養身心使人高尚。

⑭心寬體胖（ㄆㄢˊ）：有修養的人胸襟寬廣，體貌自然安詳舒泰。

所謂要使自己的心意誠實，就是不要自己欺騙自己。如同厭惡難聞的氣味，如同喜愛美麗的容顏，這樣才能稱得上心安理得。所以，道德高尚的人在獨處的時候，一定會謹慎自律。道德敗壞的人在獨處的時候，什麼壞事都做得出來。他們見到那些道德高尚的人，就躲躲閃閃，掩蓋他們不好的一面，彰顯他們好的一面。卻不知別人看自己，就如同看見了自己的五臟六腑一樣，這樣騙人騙己又有什麼益處呢？這就是說人心裡誠實，就會表現在外表。所以道德高尚的人，在獨處的時候，一定會謹慎自律。曾子說：「即使在獨處的時候，也有許多雙眼睛在注視著你，有許多隻手在指點著你，這是多麼嚴厲啊！」富足可以裝飾房屋使之華麗，品德可以滋養身心使人高尚，有修養的人胸襟寬廣，體貌自然安詳舒泰。所以，道德高尚的人一定是心意誠實的。

鄉　　愿

　　孔子說：「鄉原，德之賊也。」（原，通「愿」）所謂鄉愿，是指那些看似忠厚老實，實際上卻沒有一點道德原則，只知道隨波逐流、趨炎媚俗的偽君子。這樣的人言行不一，當面一套，背後一套，四方討好，八面玲瓏，他們是道德敗壞的小人。子貢問孔子：「全鄉村的人都喜歡他，這個人怎麼樣？」孔子說：「還不行。」子貢又問孔子：「全鄉村的人都厭惡他，這個人怎麼樣？」孔子說：「還不行。最好的人是全鄉村的好人都喜歡他，全鄉村的壞人都厭惡他。」民眾的好惡並不就是判斷是非的標準，因此不可以簡單盲目地從眾。孔子說：「眾惡之，必察焉；眾好之，必察焉。」大家厭惡他，一定要去考察；大家喜愛他，也一定要去考察。一鄉的人都喜歡他，他可能是一個好好先生，但不一定是好人；一鄉的人都厭惡他，他可能是一個特立獨行的人，但不一定是壞人。只有當好人喜歡他，壞人厭惡他時，我們才能肯定他是一個好人。

▲〈墨蘭圖〉〔宋〕趙孟堅

⑲君子慎獨①

《中庸》

　　天命之謂性②，率性之謂道③，修道之謂教④。道也者，不可須臾⑤離⑥也，可離非道也。是故君子戒慎⑦乎其所不睹，恐懼乎其所不聞。莫見⑧乎隱⑨，莫顯乎微，故君子慎其獨也。

注　釋

①選自《四書章句集注》（中華書局1983年版）。標題為
　編者所加。

65

②天命之謂性：上天賦予的，自然而有的，叫作「性」。命，
　指賦予。性，人的本性。

③率性之謂道：遵循著本性行事，叫作「道」。道，這裡
　指人在做事的時候應當遵循的道理和原則。

④修道之謂教：將道加以修明並用來制約和教育人們，叫
　作「教」。修，修明。教，教化，指禮樂、法律、政令
　等措施。

⑤須臾：片刻。

⑥離：背離。

⑦戒慎：警惕，謹慎。

⑧見：同「現」，顯現。

⑨隱：這裡指陰暗處。

　　上天所賦予人的本質特性叫作「性」，遵循著本性行
事叫作「道」，將道加以修明並用來教育人們叫作「教」。
「道」是不可以片刻背離的，可以背離的就不是「道」了。
所以，君子就是在別人看不到的地方也小心謹慎，在別人
聽不到的地方也惶恐畏懼。沒有比處於陰暗處的時候更容
易表現出本色，沒有比在細小的事情上更容易顯露出真情。
所以，君子在獨處的時候也謹慎自律。

子　思

　　子思，姓孔名伋（ㄐㄧˊ），字子思，孔子之孫。他發展了孔子關於人生哲學與形而上學的理論。子思受教於孔子的高足曾參。孔子的思想學說由曾參傳子思，子思的門人再傳孟子，由此形成了思孟學派。子思在儒家學派的發展史上佔有重要的地位，他上承孔子中庸之學，下開孟子心性之論，並對宋代理學產生了重要而積極的影響，後人尊其為「述聖」。

⑳擇善固執①

《中庸》

誠②者，天之道也；誠之③者，人之道也。誠者，不勉而中，不思而得，從容中道④，聖人也。誠之者，擇善而固執之者也。

①選自《四書章句集注》（中華書局 1983 年版）。標題為編者所加。固執，堅守不渝。執，堅持，固守。

②誠：是就天而言的，有真實無妄之意，是天道運行的本然狀態。

③誠之：是就人而言的，人雖稟受上天真實無妄之性，但人有自身的限制，因此必須擇善並「固執」之。

④中道：中庸之道。

▲〈四景山水圖〉（局部）〔宋〕劉松年

　　真實無妄是天道的法則，做到真實無妄是人道的法則。天生真實無妄的人，不用勉力下功夫就能處事合理，不用思慮就能言語行動得當，從容不迫地達到中庸之道，這種人就是聖人。要做到真實無妄，就要選擇好的德行，並且牢牢地把握它。

君子三樂

孟子說：「君子有三樂，而王（ㄨㄤ）天下不與存焉。父母俱存，兄弟無故，一樂也；仰不愧於天，俯不怍於人，二樂也；得天下英才而教育之，三樂也。」意思是說，君子有三種樂趣，但是稱王天下並不在其中。父母都健康，兄弟平安，是第一種樂趣；抬頭無愧於天，低頭無愧於人，是第二種樂趣；得到天下優秀的人才而對他們進行教育，是第三種樂趣。

口能誦

背誦本單元所有課文並能完成下面的填空。。

（1）古之欲明明德於天下者，_____；欲治其國者，_____；欲齊其家者，_____；欲修其身者，_____；欲正其心者，_____；欲誠其意者，_____；致知在格物。

（2）所謂修身在正其心者，_____，則不得其正；_____，則不得其正；_____，則不得其正；_____，則不得其正。

學而思

請將下面的詞語和它對應的解釋連接起來。

格　物　　　　　　　　　使自己心意誠實

致　知　　　　　　　　　提高自身的修養

誠　意　　　　　　　　　使家族和睦相處

正　心　　　　　　　　　探究事物的原理

修　身　　　　　　　　　使國家安定統一

齊　家　　　　　　　　　端正自己的內心

治　國　　　　　　　　　獲得完善的知識

平天下　　　　　　　　　處理國家的政務

行且勉

　　查找與本單元課文相關的資料，看看古人是如何做到內心端正、誠實守信的，然後舉辦一次班級討論會，與同學們一起分享。

道法自然

　　「道法自然」語出《老子》一書。老子認為「道」是天地萬物產生的根源，他所說的「自然」，意思是自己如此、自然而然。他認為「道」雖是生長萬物的，但它並不把萬物據為己有，不誇耀自己的功勞，不主宰和支配萬物，而是聽任萬物自然而然地發展。莊子基本繼承了老子的「自然」思想。老莊「自然」說的共同點在於將自然與無為聯繫起來，主張人與萬物和諧相處。

㉑道法自然①

《老子》

人法地，地法天，天法道，道法自然。

▲〈溪山漁隱圖〉（局部）〔明〕唐寅

注 釋 ....

①選自《老子校釋》（中華書局 1984 年版）。標題為編者
　所加。道，天地萬物產生的根源。法，取法，效法。自然，
　天然，非人為的，本身的樣子。

文 意 ....

　　人按照地的法則發展變化，地按照天的法則發展變化，
天按照道的法則發展變化，道按照自身的規律發展變化。

老　莊

　　老莊是老子和莊子的並稱，也指以老子、莊子學說為主的道家學派。反映老子思想的著作《老子》（《道德經》），僅有五千餘言。反映莊子思想的著作《莊子》（《南華經》），繼承並發展了老子的思想，故而莊子與老子並稱，成為先秦道家的代表人物。老莊並提，始於漢，盛於魏晉以後。

　　道家強調無用之用，儒家強調有用之用。儒家之「有用」，即建構人文世界，以人文化成天下；道家之「無用」，則要從人文世界中超越出來，回歸到自然而然的自然境界。道家將「無」作為「道」的本質特徵，儒家將「有」作為「道」的本質特徵。老莊提出的「道法自然」「清靜無為」「順應天道」「逍遙齊物」等思想，主張破除執著，蕩滌雜染，解除聲色犬馬、功名利祿的束縛，順應人的自然本性，這些對於現代人來說具有重要的借鑑價值。

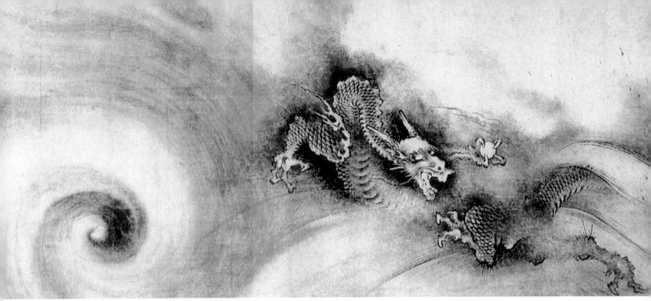

▲〈九龍圖〉（局部）〔宋〕陳容

㉒天之道①

《老子》

　　天之道，其猶張弓②！高者抑之，下者舉之；有餘者損之，不足者與之。天之道，損有餘而補不足；人道③則不然，損不足，奉有餘。孰能有餘以奉天下？其唯有道者④。是以聖人為而不恃，功成不處，斯不見賢⑤。

注　釋

①選自《老子校釋》（中華書局 1984 年版）。標題為編者
　所加。天之道，即天道。這裡側重指天道運行、作用的
　法則。
②其猶張弓：就像是張弓。張弓，指施弦於弓，給弓上弦。
　這裡以「張弓」比喻天道抑高舉下、損有餘以補不足。
③人道：人世的原則或規矩。
④有道者：有道的人。這裡指有道的治理者。
⑤斯不見賢：這是不願意顯示自己的賢能。

文　意

　　天道運行的法則，就像是張弓上弦。弦位高了就壓低，
弦位低了就提高；過高了就加以減損，不夠高就加以補足。
天道運行的法則，是減損有餘來補給不足；人世的規矩卻
不是這樣，是減損不足來供奉有餘。誰能拿出有餘的東西
來供奉給天下人呢？只有有道的人。所以聖人有所作為卻
不自恃己能，有所成就卻不自居有功，他是不願意顯示自
己的賢能。

從心所欲，不逾矩

　　「從心所欲，不逾矩」，意思是隨心所欲而不越出規矩，語出《論語·為政》：「吾十有五而志於學，三十而立，四十而不惑，五十而知天命，六十而耳順，七十而從心所欲，不逾矩。」在孔子的文化生命中，「七十」是心靈最自由而圓融的階段，到了七十歲心裡想什麼就做什麼，卻處處與人相融，與物相知，與世相安。「從心所欲，不逾矩」是孔子主張的人的一生道德修養的最高境界，即自覺地守禮行德符合天道，與天地最根本的原則相契合。不少先秦典籍都記載了孔子問禮於老子這一史實。《史記·老子韓非列傳》也記載了「孔子適周，將問禮於老子」。這說明孔子思想是得到了老子思想的啟示的。老子認為「道」是世界的最高法則，其最大的特徵就是「自然無為」，為政、做人能做到自然無為即是順應天道。「從心所欲，不逾矩」的境界與老子「道」的境界有相通之處。

㉓斷鶴續鳧①

《莊子・駢拇》

長者不為有餘，短者不為不足。是故鳧脛②雖短，續之則憂；鶴脛雖長，斷之則悲。故性③長非所斷，性短非所續。

▼〈訓鶴圖〉〔明〕唐寅

①選自《莊子集釋》（中華書局 1961 年版）。標題為編者
　所加。鳧（ㄈㄨˊ），水鳥，俗稱野鴨，常群游湖泊中，
　能飛。
②脛（ㄐㄧㄥˋ）：小腿。
③性：本性，天性。

　　長的並不是多餘，短的並不是不足。所以野鴨的腿雖
然短，接上一段便造成了痛苦；鶴的腿雖然長，切斷一節
便造成了悲哀。所以原本是長的，不可以隨意截短；原本
是短的，不可以隨意續長。

支公好鶴

　　《世說新語‧言語》記載有「支公好鶴」的故事。支公即支遁，字道林，東晉人，二十五歲時出家為僧。他既是名僧，又是名士，與謝安、王羲之等交往甚密。支道林喜歡養鶴。有人送他一對小鶴，沒過多久，鶴羽翼漸成，就想飛起來。支道林捨不得鶴飛走，就剪掉了鶴的羽毛。鶴想向上飛卻無法再飛起來，回頭看自己的翅膀，然後低下頭來，就像人一樣沮喪。支道林由此意識到，鶴天生是應該翱翔在天空的，自然不會甘心當人的寵物而被圈養玩耍。因此，經過一段時間，鶴的羽毛重新長了出來，支道林就讓牠們飛走了。

㉔無以人滅天①

《莊子‧秋水》

牛馬四足，是謂天；落馬首②，穿牛鼻，是謂人③。故曰，無以人滅天，無以故④滅命，無以得⑤殉名⑥。謹守而勿失，是謂反其真⑦。

▼〈滾塵馬圖〉〔元〕趙孟頫

①選自《莊子集釋》（中華書局1961年版）。標題為編者
　所加。天，天然。
②落馬首：為了駕馭馬而在馬頭上套上轡（ㄆㄟˋ）頭。
　落，通「絡」。
③人：人為，與天然相對。
④故：有心，造作。
⑤得：貪得。
⑥殉名：捨身以求名。
⑦反其真：回到天真本性。反，同「返」。

　　牛馬生來有四足，這叫作天然；用轡頭套在馬頭上，
用韁繩穿過牛鼻子，這叫作人為。所以說：不要用人事去
毀滅天然，不要用造作去毀滅天性，不要因貪得去捨身求
名。謹守這些道理而不違失，這就叫作回到天真的本性。

古人有關「自由」「平等」的名言

三軍可奪帥也，匹夫不可奪志也。

—— 《論語・子罕》

富貴不能淫，貧賤不能移，威武不能屈。

—— 《孟子・滕文公下》

出入六合，遊乎九州，獨往獨來，是謂獨有。

—— 《莊子・在宥》

收拾精神，自作主宰，萬物皆備於我。

—— 《陸九淵集・語錄下》

天地之道故平，平則萬物各得其所。

—— 〔清〕唐甄《潛書・大命》

人人相親，人人平等，天下為公，是謂大同。

—— 康有為《大同書》

一切眾生悉皆平等。

—— 《維摩詰經・佛國品第一》

㉕萬物皆得其宜①

《荀子·王制篇》

君者，善群②也。群道當則萬物皆得其宜，六畜皆得其長，群生皆得其命。故養長時則六畜育，殺生時則草木殖，政令時則百姓一，賢良服。

▲〈雲白山青圖卷〉〔清〕吳歷

①選自《荀子集解》（中華書局 1988 年版）。標題為編者所加。
②群：聚集在一起。

　　君，就是善於把人們組織成群體的人。組織群體的原則恰當，那麼萬物都能得到適宜的安置，六畜就能夠生長，一切生物都能得到應有的壽命。所以飼養適時，六畜就生育興旺；砍伐種植適時，草木就繁殖茂盛；政策法令適時，百姓就能被統一起來，有德有才的人就能心悅誠服。

王　　制

「王制」是指古代君主治理天下的規章制度。《禮記》與《荀子》兩書均有〈王制〉篇。《荀子·王制》主要闡述了奉行王道從而成就帝王大業的聖王的制度，論及王者的政治綱領、策略措施、用人方針、聽政方法、管理制度、官吏職事等，同時還列舉了王制以外那些導致國家危殆、滅亡等後果的所作所為，以供君主們借鑑。《禮記·王制》記載的內容涉及封國、官職、爵祿、祭祀、喪葬、刑罰、建立城邑、選拔官吏以及學校教育等方面的制度。

口能誦

背誦本單元所有課文並能完成下面的填空。

（1）人法地，＿＿＿＿＿＿，天法道，＿＿＿＿＿＿。

（2）長者不為有餘，＿＿＿＿＿＿。是故鳧脛雖短，

＿＿＿＿＿＿；鶴脛雖長，＿＿＿＿＿＿。

（3）君者，＿＿＿＿＿＿。群道當則＿＿＿＿＿＿，六畜皆得

其長，＿＿＿＿＿＿。

學而思

想一想，以下兩種觀點是怎樣體現「無為而治」的？。

老子：我無為而民自
化，我好靜而民自正，
我無事而民自富，我
無欲而民自樸。

莊子：無己、無功、
無名。虛靜恬淡寂寞
無為者，天地之平而
道德之至。

行且勉

　　道家強調遵循自然規律，肯定人對自由的追求。你是怎樣看待這一觀點的？請講給同學們聽一聽。

第六單元

經世致用

　　經世，意即治理國事、世事；致用，盡其所用。「經世致用」就是把學術理論同社會實踐結合起來，以關注社會、關注民生為著力點，積極解決社會問題，使國家長治久安。中國的學術文化中一直有經世的情懷，讀書和學術的最高境界就是經世濟民和致用天下。

㉖修己以安百姓①

《論語・憲問》

子路問君子。子曰：「修己以敬。」

曰：「如斯而已乎？」曰：「修己以安人。」

曰：「如斯而已乎？」曰：「修己以安百姓。修己以安百姓，堯舜其猶病②諸！」

▲〈耕獲圖〉〔宋〕揚威

①選自《四書章句集注》（中華書局 1983 年版）。標題為
　編者所加。
②病：憂慮，為難。

文　意

　　子路問怎樣才能成為一個君子。孔子道：「提高自身
的修養來嚴肅認真地對待工作。」

　　子路道：「這樣就夠了嗎？」孔子道：「提高自身的
修養來使他人安樂。」

　　子路道：「這樣就夠了嗎？」孔子道：「提高自身的
修養來使所有百姓安樂。提高自身的修養來使所有百姓安
樂，堯舜大概還擔心做不到呢！」

中國古代的「經世致用」思潮

　　「經世致用」是明清之際主張學問須有益於國事的學術思潮。「經世致用」思想可以追溯到春秋末期思想家、政治家、教育家孔子。實際上傳統儒學本身就是一種「入世哲學」，儒家的創始者孔子不遺餘力地宣傳他的思想，目的就是要改變春秋末年社會動亂、禮崩樂壞的局面，恢復他心目中理想的社會秩序。明清之際，一批有志之士反對空談，提倡「實學」，主張關心時政，形成了一股有影響的社會思潮。顧炎武、黃宗羲、王夫之等是其中最傑出的代表。顧炎武提出：「凡文之不關於六經之指、當世之務者，一切不為。」強調應「引古籌今」，作為「經世之用」。黃宗羲認為：「受業者必先空經，經術所以經世，方不為迂儒之學。」

㉗窮經致用①

〔宋〕程顥

窮經，將以致用也。如「誦《詩》三百，授之以政不達②，使於四方，不能專對③，雖多亦奚以④為？」今世之號為窮經者，果能達於政事專對之間乎？則其所謂窮經者，章句之末耳，此學者之大患也。

〈伏生授經圖〉〔明〕崔子忠

①選自《二程集》（中華書局 1981 年版）。標題為編者所加。窮經，努力鑽研經籍。致用，盡其功用，付諸實用。
②達：通達。
③專對：奉使他國，獨自隨機應答。
④以：用。

　　努力鑽研經籍，目的是要付諸實用。比如「誦讀《詩經》三百篇，讓他治理政事，卻不能通達行政，叫他出使四方各國，卻不能隨機應對，就是詩讀得再多，又有什麼用呢？」當今之世號稱為努力鑽研經籍的人，果真能夠做到通達政事、隨機應對嗎？如果不能，那麼他們所謂的努力鑽研經籍，不過是注重章句這些細枝末節的東西罷了，這是求學者的大弊病。

濂洛關閩

　　北宋的周敦頤、邵雍、張載、二程兄弟開啟理學先河，南宋的朱熹集其大成，建立起完備的理學理論體系。在理學的發展過程中，主要形成了四個學派，被稱為「濂洛關閩」。「濂」指的是居住在濂溪的周敦頤，他是北宋理學的始創者之一。「洛」指的是洛陽程顥、程頤兄弟，二程受業於周敦頤，程顥人稱「明道先生」，程頤人稱「伊川先生」。「關」指的是張載，因其在關中講學，故其所開創的學問被稱為「關學」。「閩」指的是南宋的朱熹，因其長期講學於福建，故其學問被稱為「閩學」。

㉘載之空言，不如見諸行事①

〔清〕顧炎武

▲〈漁舟讀書圖〉（局部）〔明〕蔣嵩

孔子之刪述②六經，即伊尹、太公救民於水火之心，而今之注蟲魚、命③草木者，皆不足以語此也。故曰：「載之空言，不如見諸行事。」夫《春秋》之作，言焉而已，而謂之行事者，天下後世用以治人之書，將欲謂之空言而不可也。愚不揣，有見於此，故凡文之不關於六經之指④、當世之務者，一切不為。而既以明道救人，則於當今之所通患，而未嘗專指其人者，亦遂不敢以辟⑤也。

注　釋 ┈┈┈┈┈┈┈┈┈┈┈┈┈┈┈┈┈┈┈┈┈┈┈┈┈┈┈┈┈┈

①選自《顧亭林詩文集》（中華書局 1959 年版）。標題為
　編者所加。行事，所行之事實。
②刪述：相傳孔子曾利用魯國史料，刪繁就簡，修成《春
　秋》，又將古詩三千整理為詩三百，並自言「述而不作」。
③命：命名。
④指：通「旨」，要旨，要義。
⑤辟：通「避」，回避。

文　意 ┈┈┈┈┈┈┈┈┈┈┈┈┈┈┈┈┈┈┈┈┈┈┈┈┈┈┈┈┈┈

　　孔子刪減編輯六經，就懷有伊尹、太公拯救百姓於水
深火熱的情懷，但當今給其中的蟲魚作注、給草木命名的
人，都不足以談論這些。所以說：「與其載述空洞的言論
不如在史事中驗證它。」孔子編修的《春秋》這部著作，
雖然只是言論罷了，但也可以說是在研究史事，是天下後
世用來治人的書，想要稱之為空洞的言論是不行的。我不
揣冒昧，對此有相同的見解，所以凡是不涉及六經要旨、
當今事務的文章都不寫。既然要通過闡明道理來拯救世人，
那麼對於當今普遍存在而未嘗專指某人的問題，於是也不
敢回避。

明末清初五大師

　　「明末清初五大師」指明末清初黃宗羲、顧炎武、方以智、王夫之、朱舜水五位學者。他們都參加過明朝末年的抗清戰爭，失敗後均致力於學術，其中黃宗羲、顧炎武、王夫之、朱舜水是「經世致用」學術思潮的代表人物。黃宗羲（1610—1695），思想家、史學家，所著《明儒學案》開清代浙東史學研究之先河。顧炎武（1613—1682），思想家、學者，開清代樸學風氣，對後來考據學中的吳派、皖派都有影響。方以智（1611—1671），思想家、科學家，通曉中國傳統自然科學和當時剛傳入的西方近代科學。王夫之（1619—1692），思想家，在哲學上總結和發展了中國傳統的樸素唯物論和辯證法。朱舜水（1600—1682），學者，提倡「實理實學，學以致用」，在日本講學二十餘年，其學術思想對當時日本有一定影響。

㉙史學經世①

〔清〕章學誠

　　史學所以經世，固非空言著述也。且② 如六經，同出於孔子，先儒以為其功莫大於《春秋》，正以切合當時人事③ 耳。後之言著述者，舍今而求古，舍人事而言性天，則吾不得而知之矣。學者不知斯義④ ，不足言史學也。

章學誠像

① 選自《文史通義校注》（中華書局 1985 年版）。標題為
　編者所加。

② 且：助詞。

③ 人事：人世間的各種事情。這裡指社會現實。

④ 義：公正合宜的道理。

　　史學之所以有助於治理世事，原因在於它本來就不是
空洞的言論著述。例如六經，同出自孔子之手，儒家先輩
認為其中成就最大的就是《春秋》，正是因為它切合當時
的社會現實啊。後來的人說到著述，往往捨棄今世的學術
而尋求古代的學術，捨棄社會現實而談論人性與天命，則
是我不得而知的了。治學的人不懂得這個道理，不足以談
論史學。

六經皆史

　　「六經皆史」是以《易》《書》《詩》《禮》《樂》《春秋》六經為古代歷史書籍的一種主張。系統提出此說的是章學誠。章學誠（1738—1801），清代史學家、思想家，生活在乾嘉漢學興盛時代。章學誠的史觀與學問具有強烈的經世風格，以為六經乃是夏、商、周三代典章政教的歷史記錄，並非聖人為垂教立言而作，進而提出「六經皆史」「六經皆器」等命題，反對「離器言道」。此後，龔自珍《古史鉤沉論二》、章炳麟《國故論衡·原經》也同主此說。「六經皆史」在一定程度上糾正了乾嘉時期重經輕史的學術偏失。

▲〈大鵬圖〉〔清〕華嵒

㉚ 通經致用①

〔清〕龔自珍

人臣欲以其言裨於時，必先以其學考②諸古。不研乎經，不知經術③之為本源也；不討④乎史，不知史事之為鑑也。不通乎當世之務，不知經、史施於今日之孰緩、孰亟、孰可行、孰不可行也。

① 選自《龔自珍全集》（上海人民出版社 1975 年版）。標題為編者所加。通，通曉。
② 考：考察，驗證。
③ 經術：經學。
④ 討：研究，探討。

文 意

　　臣子想要用自己的言論對時世有助益，一定要先到古代典籍中驗證自己的學說。不研究經書，不知道經學是本源；不探討史書，不知道史事可以作為借鑑。不通曉當世的事情，就不知道經學、史學用在今天什麼該緩、什麼該急、什麼行得通、什麼行不通。

龔自珍「經世致用」人才觀

龔自珍（1792—1841），清末思想家、文學家，嘉慶道光年間提倡「通經致用」的今文經學派重要人物。龔自珍的學術思想主要體現在他利用了「今文經學」這個舊的形式，使之與「經世致用」相結合，並成為他關心國計民生、批評時政、改革社會的武器。在人才觀上，他力圖澄清社會治理與人才培養之間的關聯，把治學與時政結合起來，提出「一代之治，即一代之學也」（《龔自珍全集·乙丙之際著議第六》）。他提倡的人才是「經世致用」之才，而不是「不通乎當世之務，不知經、史施於今日之孰緩、孰亟、孰可行、孰不可行也」之人，並呼喚「我勸天公重抖擻，不拘一格降人才」（《龔自珍全集·己亥雜詩》），要求統治者破除束縛人才的成規，通過變革以求人才輩出。

口能誦

背誦本單元所有課文並能完成下面的填空。

（1）今世之號為窮經者，＿＿＿＿＿＿＿＿？則其所謂窮經者，
＿＿＿＿＿＿＿＿，此學者之大患也。

（2）故凡文之不關於＿＿＿＿＿＿＿、＿＿＿＿＿＿＿，一切
不為。

（3）人臣欲以其言裨於時，＿＿＿＿＿＿＿＿。不研乎經，＿
＿＿＿＿＿＿＿；不討乎史，　　　　　　　　。

學而思

談談你對「經世致用」的理解。

行且勉

　　李約瑟（1900—1995）是英國研究中國科技史的著名學者，在全世界享有盛譽。他撰寫的《中國科學技術史》，指出中國古代科學技術曾極大地影響世界文明進程，為全人類做出過巨大貢獻。在書中，李約瑟提出了後來被稱為「李約瑟難題」的發問，即：一、為什麼在西元前 1 世紀到西元 16 世紀之間，古代中國人在科學和技術方面的發達程度遠遠超過同時期的歐洲？中國的政教分離現象、文官選拔制度、私塾教育和諸子百家流派為何沒有在同期的歐洲產生？二、為什麼近代科學沒有產生在中國，而是在 17 世紀的西方，特別是文藝復興之後的歐洲？

　　圍繞「李約瑟難題」，眾多學者開始探討講求「經世致用」的中國古代經驗科學，為什麼沒有在近代轉換成實驗科學，到底是哪些因素制約了中國近代科學的發展。查閱相關資料，談談你的看法，並與同學們交流。

心得筆記

A0601A08

朝讀經典 8：格物致知

主　　編	馮天瑜	
版權策劃	李　鋒	

發 行 人	陳滿銘
總 經 理	梁錦興
總 編 輯	陳滿銘
副總編輯	張晏瑞
編 輯 所	萬卷樓圖書股份有限公司
特約編輯	王世晶
內頁編排	小　草
封面設計	小　草
印　　刷	維中科技有限公司

出　　版	昌明文化有限公司
	桃園市龜山區中原街 32 號
電　　話	(02)23216565
發　　行	萬卷樓圖書股份有限公司
	臺北市羅斯福路二段 41 號 6 樓
	之 3
電　　話	(02)23216565
傳　　真	(02)23218698
電　　郵	SERVICE@WANJUAN.COM.TW

大陸經銷	廈門外圖臺灣書店有限公司
電　　郵	JKB188@188.COM

ISBN 978-986-496-388-1
2019 年 2 月初版
定價：新臺幣 460 元

如何購買本書：

1. 劃撥購書，請透過以下帳號
   帳號：15624015
   戶名：萬卷樓圖書股份有限公司
2. 轉帳購書，請透過以下帳戶
   合作金庫銀行古亭分行
   戶名：萬卷樓圖書股份有限公司
   帳號：0877717092596
3. 網路購書，請透過萬卷樓網站
   網址 WWW.WANJUAN.COM.TW

大量購書，請直接聯繫，將有專人為
您服務。(02)23216565 分機 10
如有缺頁、破損或裝訂錯誤，請寄回
更換

國家圖書館出版品預行編目資料

朝讀經典 . 8：格物致知 / 馮天瑜主編 . -- 初版 .
-- 桃園市：昌明文化出版；臺北市：萬卷樓發行，
2019.02
100 面；18.5x26 公分
ISBN 978-986-496-388-1(平裝)
1. 國文科 2. 漢學 3. 中小學教育
523.311　　　　　　　　108001385